MISSION

DE

LAMARQUE

1859

BORDEAUX

IMPRIMERIE GÉNÉRALE DE Mme CRUGY,

rue et hôtel Saint-Siméon, 16

1859

AVIS AUX LECTEURS

Ce compte-rendu de la Mission de Lamarque n'avait pas été écrit pour être imprimé. C'est simplement une lettre de M. le docteur Kérédan à M. l'abbé L. Alp. D., élève du Séminaire des Missions étrangères à Paris.

Dans cette lettre, M. Kérédan répond, en passant, à quelques questions que son élève lui propose, et, dans son épanchement épistolaire, il lui donne tous les détails de la Mission de Lamarque. Le but de la réponse justifie donc les digressions scientifiques qui pourraient paraître étrangères au sujet principal de la lettre.

Mon intention était d'écrire moi-même l'historique de la Mission; mais, ayant trouvé dans la lettre de M. le docteur un compte-rendu fidèle et animé de toutes les cérémonies et de tous les effets de cet heureux temps, je me suis emparé de ce travail, et, avec l'agrément de l'auteur, je l'ai livré à l'impression, dans l'espoir d'être agréable à mes paroissiens, et de conserver dans les familles un souvenir précieux de la Mission de 1859.

Si nos prédécesseurs nous avaient laissé un compte-rendu des mémorables missions de 1807 et de 1838, nous pourrions aujourd'hui établir des comparaisons et faire des rapprochements sur l'esprit des populations de chacune de ces époques.

Eh quoi! chaque nation, chaque province, chaque cité a son histoire : pourquoi, aujourd'hui que les lumières sont répandues, chaque localité n'aurait-elle pas ses annales, où les principaux faits seraient sommairement relatés? Cette histoire, de quelque manière qu'elle fût écrite, offrirait plus d'agrément et d'utilité aux habitants de chaque commune que l'histoire des peuples anciens, que les lettrés seuls ont le privilége de connaître.

Laissons donc à nos successeurs le compte-rendu de notre belle Mission comme un document historique et comme un monument de notre foi.

ANTONY, *curé*.

MISSION DE LAMARQUE

A M. L'ABBÉ L. ALPHONSE DUCLOS,

Élève du Séminaire des Missions étrangères, à Paris.

Vous me mandez, mon cher élève, que vous éprouvez des difficultés sérieuses dans l'étude de certaines théories philosophiques. Pourquoi en être surpris? Avez-vous sitôt oublié ce que je vous ai dit tant de fois de la divergence d'opinions des philosophes, et vous attendez-vous à retrouver dans le dédale de nos connaissances cette certitude absolue qui ne saurait être l'apanage de l'humanité? Il y a en nous trois puissances qui exercent tour à tour sur notre débile nature un empire irrésistible : la foi, l'imagination, et la raison. Chacune d'elles a son temps de souveraineté et son époque d'impuissance. Ne demandez à chacune que ce qu'elle peut donner. Toutes trois ont un domaine distinct dont les limites ne se peuvent franchir.

Pour ne parler que de la philosophie, cette fille de la raison, cette poésie de l'entendement humain, elle n'est souvent qu'une lumière vacillante, une science demi-voilée, jetée d'en haut par le grand législateur des mondes, comme un éternel aliment à notre insatiable curiosité.

Permettez-moi, studieux abbé, de ne pas répondre en ce moment à vos questions de métaphysique, de ne pas insister plus longtemps sur la sagesse d'ici-bas, et de substituer à une voix faillible et profane une voix plus imprégnée de foi et d'autorité. Plus tard, je dirai à mon ancien disciple ce que je pense *de l'origine des idées et de l'activité volontaire et libre*. Aujourd'hui, je désire l'entretenir d'un sujet qui résonnera plus doucement encore à ses oreilles; je désire lui parler de quelques cérémonies religieuses qui laisseront un souvenir doux et profitable dans le cœur de ceux qui en ont été témoins; je veux, en un mot, lui donner des détails sur une Mission qui vient d'être prêchée dans la commune de Lamarque par deux éloquents Pères de la Compagnie de Jésus, les PP. Peyrard et Bergouignan. Ce compte-rendu ne peut manquer d'intéresser un jeune apôtre qui, épris d'un zèle ardent pour le salut des âmes, va bientôt aussi, au péril de ses jours, porter le flambeau de l'Évangile aux plages brûlantes de l'Afrique ou aux îles barbares de l'Océan Indien.

C'est une grande chose qu'une Mission prêchée chez des peuples croyants; c'est une grande chose que la retraite, que le recueillement, que la prière dans ces jours de contemplation, de mystère et de repentir où la parole d'un missionnaire vient nous arracher au tourbillon de la vie, aux tempêtes du dehors, aux erreurs du temps, aux orages des passions, pour nous apprendre les leçons sévères de la morale du Christ et les décrets de l'impérissable vérité. Au milieu de tant de doctrines désolantes, de tendances funestes, de systèmes impies qui outragent à la fois la religion et la raison, qu'il est doux, qu'il est consolant de voir ces vaillants soldats, sortis des rangs de ces phalanges qui, à l'exemple de leur divin Maître, ne triomphent que par l'amour, venir raffermir la foi du peuple, adoucir ses mœurs, défricher son intelligence, ramollir son cœur, raviver son enthousiasme pour la vertu, et lui rappeler les douceurs du sanctuaire et les suavités ineffables du tabernacle chrétien !

Lamarque conservera religieusement la mémoire de cette Mission, qui a été remarquable autant par le talent de nos RR. PP. que par la pompe des cérémonies et la ferveur édifiante de nos fidèles populations. Oracles consolateurs, apôtres brillants de la foi, les missionnaires de cette savante Compagnie sont habitués à des succès. Mais les résultats obtenus parmi nous ont été plus qu'ordinaires, et je crois que, pour tout ce qui concerne notre Mission, la commune de Lamarque n'a rien à envier aux paroisses les mieux favorisées. C'est pour cela seul, mon cher élève, que j'entre dans des particularités qui ne seront pas sans charmes pour vous, qui n'avez pu oublier les lieux où s'est écoulée votre jeunesse.

Cette retraite, trop courte, trop fugitive au gré de nos désirs, n'a duré que trois semaines. Commencée à la fin de décembre, elle s'est terminée le 23 janvier, jour de la confirmation. Pendant toute sa durée, l'ardeur des habitants ne s'est pas ralentie un seul instant, et vous auriez peine à vous figurer leur empressement à se rendre aux différents exercices. Au second coup de cloche, toutes les chaises se trouvaient déjà occupées, tant chacun craignait de ne pas prendre part aux prières communes, ces concerts des cœurs et des âmes vers le même culte, la même pensée, le même sentiment, la même inspiration. Les instructions, toujours élevées, quoique à la portée de l'auditoire, se distinguaient aussi bien par les ornements du style que par la profondeur de la pensée. Habiles à gagner la confiance et à répandre l'intérêt, les PP. Peyrard et Bergouignan ont su, deux fois par jour et pendant plusieurs semaines, réunir autour de leur chaire une foule nombreuse et attentive. Les intelligences cultivées comprennent le beau, les plus ingrates le sentent. La nature humaine, n'étant jamais marâtre, n'est jamais complètement stérile. Vous verrez bientôt si la parole féconde et lumineuse de nos éminents prédicateurs a porté ses fruits.

Parmi les cérémonies dignes d'être citées, il faut mettre au premier rang l'amende honorable et la consécration de la Sainte-Vierge, cérémonies émouvantes par elles-mêmes et dans l'esprit de l'Église, et qui, chez nous, ont un éclat surprenant. Ces jours-là, le maître-autel, magnifiquement paré et illuminé, semblait avoir été emprunté aux temples des grandes cités, plutôt qu'improvisé dans une église de campagne qui, d'ailleurs, est fort belle depuis sa récente restauration. C'était partout profusion de guirlandes, d'écussons, d'encens, de lumières resplendissantes. Des chœurs d'hommes et de jeunes filles chantant avec un ensemble irréprochable ajoutaient encore, par leurs harmonieux cantiques, à la majesté de ces touchantes prières.

La veille de la confirmation, l'enthousiasme était à son comble. Des préparatifs sans nombre se faisaient de toutes parts, les uns dans l'intérieur des maisons, les autres au dehors, pour offrir à Son Éminence le Cardinal Donnet, archevêque de Bordeaux, une réception digne d'elle. Vous, abbé de Lamarque, qui connaissez les nobles sentiments qui animent la Fabrique, vous comprendrez sans peine les sacrifices qu'elle s'est imposés dans cette occasion solennelle. Une pluie intempestive et assez forte n'a pu arrêter l'élan des travailleurs. Chacun faisait son devoir avec courage, comme en un jour de soleil radieux. Le mauvais temps, en empêchant les illuminations des habitations particulières, a infligé à chacun de nous une véritable pénitence.

Son Éminence est arrivée le 22, à six heures du soir. Elle a été reçue, sous le péristyle de Saint-

Seurin, par les autorités locales, les membres de la Fabrique et de la Société de Secours-Mutuels. Au milieu du plus respectueux silence, notre vénérable maire, M. Barbié, s'est avancé vers le grand prélat du diocèse, et lui a adressé une harangue bien sentie, à laquelle Son Éminence a répondu comme elle le fait d'habitude dans ses visites pastorales, avec tout son esprit et tout son cœur. Les chœurs, excités par les transports d'une foi brûlante, ont entonné alors l'antienne de notre Patron avec une chaleur et une ampleur de voix inaccoutumées. Après cette invocation au saint protecteur de l'église, M. le Curé de Lamarque, à son tour, d'une voix émue, mais bien accentuée, a adressé à son Archevêque une allocution qui a vivement impressionné un auditoire trop nombreux pour Saint-Seurin. La réponse de Monseigneur, chaleureuse improvisation qui a mis une fois de plus au grand jour son amour pour les fidèles de son diocèse, a été aussi flatteuse pour le pasteur que pour le troupeau. Enfin, après quelques cantiques d'actions de grâces, la foule s'est écoulée recueillie, mais en attendant avec une impatience visible l'aurore sanctifiante du lendemain.

Le jour de la confirmation, Son Éminence a officié pontificalement. Pour cette messe, notre église, fière du pontife qu'elle possédait, avait revêtu sa plus belle parure. Tout, bien disposé d'avance, s'est passé dans un ordre parfait. Les enfants de chœur, que vous avez formés vous-même, mon cher abbé, aux exercices du culte, élégamment costumés, ont exécuté les cérémonies avec une telle précision, qu'ils ont eu le bonheur d'attirer l'attention du Cardinal lui-même.

Après des marques aussi évidentes de piété, les résultats apostoliques sont faciles à prévoir. Les communions ont été très-nombreuses. On peut dire que la population tout entière s'est approchée de la sainte table; et à la confirmation, l'on a vu plusieurs vieillards venir recevoir les dons du Saint-Esprit. Un concours immense de fidèles, venus des communes voisines, assistait à l'office divin et offrait, avec nous, mille actions de grâces au Dieu des miséricordes.

Son Éminence n'a pas voulu nous quitter sans faire sa visite aux écoles des garçons et des filles. Après avoir complimenté les maîtres et les élèves, elle a donné à cette jeune génération, comme autrefois le Christ aux petits enfants de Jérusalem, une bénédiction toute paternelle qui sera pour elle un gage de salut.

Le soir, à l'issue des vêpres, a eu lieu la plantation de deux croix de mission. Cette procession, la plus belle qu'on puisse voir dans ce genre, a été le digne couronnement de ces fêtes. Toute la longue rue de Lamarque était ornée de festons, de poteaux verdoyants, de vases de fleurs, de blanches draperies qui produisaient un effet charmant. Un arc-de-triomphe, élevé près de la Mairie par les soins de M. Morain, et décoré par nos industrieuses demoiselles, formait le complément de ces curieux embellissements. Cet arc-de-triomphe était, pour nous aussi, un symbole de glorieuse victoire, de victoire sur nos passions.

Les enfants des écoles des deux sexes, portant des bannières et des oriflammes aux brillantes couleurs, précédaient les deux croix de Mission, portées jusqu'au lieu de leur destination par les membres de la Société de Secours-Mutuels, à cette heure fort nombreuse dans notre commune. Ces diverses colonnes, disposées d'après un plan régulier, ont constamment défilé dans un ordre admirable, sous la direction des missionnaires, de M. Bergeron, président du Conseil de Fabrique et de M. Mouliets, instituteur de Lamarque. Arrivée sur le terrain choisi pour la plantation, c'est-à-dire à l'entrée du bourg, sur la route de Bordeaux, la procession s'est arrêtée avec une sainte émotion et a pris place, sur plusieurs rangs, autour du piédestal. Les charpentiers se sont mis à l'œuvre. Aussitôt que le signe sacré de notre rédemption s'est élevé à la hauteur voulue, les cris de *Vive la Croix!* se sont échappés par trois fois de toutes les poitrines comme une manifestation publique des sentiments qui nous dominaient dans cette imposante solennité.

Après cette première plantation, la procession a continué sa marche pour aller bénir la deuxième croix en fonte, qui a été construite à la faveur d'une souscription des habitants du Miloux, qui, eux aussi, ont voulu avoir au milieu de leur place l'étendard vénéré du Christianisme. Cette croix, monument expiatoire, fera oublier la profanation sacrilége commise en ces lieux dans le délire révolutionnaire. Après le *Vexilla regis*, les fidèles sont rentrés dans l'église pour entendre les adieux de nos RR. PP. et une instruction pathétique sur la persévérance.

Puis-je vous laisser ignorer que notre grande croix en bois, qui a treize mètres de hauteur avec une épaisseur proportionnée, a été faite dans notre commune, bien que les emblèmes de la Passion qui la décorent soient d'un travail fini? Elle est née à Lamarque même, car elle provient d'un arbre superbe que nous devons à la pieuse générosité de notre honorable juge de paix, M. Pigneguy. Vrai miracle d'exécution pour une commune rurale, cette croix, qui fait l'admiration des étrangers et l'édification du pays, a été travaillée, sous l'habile direction de M. Sahuc, par MM. Renouil frères. Les détails de peinture, confiés au pinceau de M. Léo Martin, ont été exécutés avec un goût et un discernement qui méritent des éloges. Ainsi, charpentiers, tailleurs de pierre, maçons, peintre, tous ont coopéré à cette œuvre de piété avec un zèle et un désintéressement difficiles à égaler; tous ont fait, de gaieté de cœur, le sacrifice de leur temps et de leur peine.

En perpétuant parmi nos populations le souvenir de ces mémorables journées, ces deux croix resteront pour elles comme un signe éclatant de pardon, de bénédiction et d'amour divin.

Telle a été cette Mission, sujet de grande joie pour

la contrée, où l'âme de chacun de nous s'est retrempée, où notre cœur s'est vivifié aux sources pures de l'espérance et de la charité. J'ai cru, mon cher abbé, ne devoir omettre aucune circonstance importante de ces jours de consolation. Pour vous, persévérez dans vos saints projets, et accordez quelquefois un souvenir à celui qui a essayé de vous initier à la science de l'homme. Apprenez, près de maîtres plus dignes, la science de Dieu.

Le Dr Amédée KÉRÉDAN,
Médecin à Lamarque (Médoc).

P. S. Pour vous former une idée plus complète de la Mission, vous lirez les allocutions adressées à Son Éminence.

Discours de M. le Maire de Lamarque.

ÉMINENCE,

Si votre visite dans cette commune est aujourd'hui pour nous tous un jour de fête, elle est particulièrement pour moi un jour de bonheur, puisqu'il m'est donné de vous offrir mes respectueux hommages, ainsi que ceux des membres du Conseil municipal, dont je suis ici l'organe, et de tous les habitants de Lamarque.

Si parfois, Monseigneur, nous nous sommes écartés de la bonne voie, nos infatigables Missionnaires, par leur zèle et leurs travaux apostoliques, ont su, dans l'espace de trois semaines, gagner nos cœurs et nous faire participer aux bienfaits de la Mission.

C'est à Votre Éminence qu'est réservé le couronnement de cette belle œuvre de salut. Nous attendons avec impatience votre sainte bénédiction; nous la recevrons avec joie et reconnaissance.

Discours de M. le Curé de Lamarque.

ÉMINENCE,

L'empressement spontané des habitants de Lamarque à courir sur vos pas, au bruit de votre arrivée, témoigne de leur dévouement et du grand désir qu'ils avaient de vous posséder au milieu d'eux.

Votre visite, Éminence, nous est doublement chère; elle réjouit tendrement nos cœurs, et elle répand dans nos âmes les plus suaves consolations. A nos yeux, vous êtes l'envoyé du ciel, le représentant des apôtres, le successeur de tant de saints prélats qui ont illustré le diocèse de Bordeaux, depuis les Amand et les Seurin jusqu'aux Daviau et aux de Cheverus. Tous ces saints pontifes, aujourd'hui dans la gloire, se réjouissent de voir leur apostolat glorieusement continué par un prince de l'Église puissant en paroles et en œuvres.

Vos prédécesseurs, Éminence, vous ont laissé des exemples qui parurent longtemps inimitables; l'histoire est là pour attester les merveilles qu'ils ont opérées. Cependant, ils n'osèrent jamais entreprendre ce que vous exécutez avec tant de succès. Comme vos prédécesseurs, vous élevez des temples à la gloire du Dieu immortel des siècles, et, nouvel Esdras, vous rétablissez les sanctuaires que la malice des hommes ou l'action du temps avaient démolis. Bien plus, Éminence, vous commandez, et à votre voix l'église de Soulac sort des entrailles de la terre, comme Lazare sortit du tombeau à la voix du Sauveur du monde. C'est donc avec justice que le Souverain qui règne sur la France, qui sait couronner toutes les gloires et récompenser tous les mérites, vous a appelé aux premières dignités de l'Empire.

Vivez donc, Éminence, vivez encore de longues années pour la gloire et le bonheur de votre diocèse!

J'ai le doux espoir, Éminence, que votre visite produira dans cette paroisse les heureux effets qu'elle produit partout ailleurs. Vos paroles et vos bénédictions ne tomberont pas sur une terre stérile et inculte : elle a été travaillée par la main des ouvriers évangéliques qui sont venus préparer les voies du Seigneur. Votre présence redoublera les efforts de leur zèle, et du haut du ciel, Dieu donnera l'accroissement à la semence de vérité qu'ils ont si abondamment jetée sur le champ de l'Église.

Toutefois, si mes paroissiens n'ont pas encore atteint le degré de ferveur que saint Paul exigeait des premiers chrétiens, je dois déclarer ici, pour la consolation de votre cœur paternel, que, malgré l'indifférence qui règne dans le monde, Jésus-Christ est encore connu et adoré dans cette paroisse. La paix et l'union règnent dans les familles et entre les habitants ; la loi du Seigneur est respectée ; les pauvres sont secourus ; la jeunesse de l'un et de l'autre sexe reçoit l'instruction religieuse, et j'en remercie publiquement l'instituteur et les pieuses institutrices. Le culte du Seigneur est exercé avec décence ; les jeunes vierges en rehaussent l'éclat par leurs chants.....

Ces dispositions pour le bien, que je suis heureux de signaler à Votre Éminence, sont dues en grande partie au bon esprit de l'autorité locale, au zèle de M. le Maire, de MM. les Membres du Conseil municipal et du Conseil de la Fabrique, qui sont toujours unanimes quand il s'agit des intérêts de la religion ou du bien public en général.

Si nous n'avons pas encore exécuté la promesse que nous avions faite à Votre Éminence, lors de sa dernière visite, de donner au clocher une voix proportionnée à sa hauteur, il faut en accuser la construction de la sacristie et les réparations de l'église, qui ont absorbé et même épuisé tous les fonds dont la commune a pu disposer jusqu'à ce jour ; mais, je l'espère, notre parole ne sera pas longtemps engagée sur ce point.

Dans l'impuissance où je suis, Monseigneur, de vous exprimer les sentiments de gratitude que je sens dans mon cœur, et que je lis également en caractères visibles sur la physionomie de mes paroissiens, je prie le Seigneur de continuer à bénir votre épiscopat, et de conserver vos jours pour la gloire de l'Église et la consolation des fidèles confiés à vos soins.

Discours des Enfants des Sœurs de Saint-Joseph.

ÉMINENCE,

Les petites filles des écoles de Saint-Joseph se trouvent dans un grand embarras pour vous offrir leur hommage ; un grand nombre d'entre elles regardent pour la première fois la pourpre d'un cardinal. On nous enseigne, d'ailleurs, une profonde vénération pour la dignité sainte et le pouvoir spirituel que le Souverain-Pontife vous a conférés ; vous êtes la première autorité du diocèse : le Saint-Esprit, par votre ministère spécial, descend sur les fidèles. Aussi, en voyant avec quel amour la population de Lamarque vient se présenter à votre rencontre, nous avons reconnu que nous, petites filles, nous n'étions pas seules à saluer dans votre Éminence le représentant visible de Jésus-Christ, le chef d'une grande famille religieuse.

Nous faisons partie de cette famille : nous nous en apercevons à la bonté avec laquelle vous venez nous visiter dans notre humble école et daignez nous bénir. Les RR. PP. Missionnaires ayant fait gagner aux enfants leur jubilé, nous devrions vous dire que nous sommes convertis autant que nos parents. Mais la sagesse qu'il nous reste à acquérir, le Pontife qui nous permet de lui donner le nom de Père nous aidera à l'obtenir de notre divin Modèle. Nous le remercions de tout notre cœur, quoique nous ne sachions pas l'exprimer.

Discours de l'Instituteur communal.

ÉMINENCE,

Interprète des sentiments qui animent les élèves de cette école, permettez-moi de déposer à vos pieds les hommages de leurs cœurs reconnaissants.

A l'exemple du divin Maître, vous appelez à vous les petits enfants pour leur départir le lait de la bonne doctrine; votre appel sera entendu, Monseigneur, et pour y parvenir nous unirons notre faible voix à la vôtre; car nous ne croirons notre tâche remplie que quand nous aurons donné à l'Église des chrétiens fidèles, à la famille des enfants respectueux, à la société des membres utiles, et à la France des sujets soumis et dévoués.

Semblable à notre divin Modèle, il a plu à Votre Éminence de renoncer au bien-être de son palais et aux honneurs de la ville pour venir dans l'église de notre paroisse s'agenouiller et prier, entourée des pauvres et des ignorants, et semer parmi nous des paroles de foi et de charité. Mais à votre cœur de chrétien, à votre âme de pasteur, il n'a pas suffi, Monseigneur, de nous bénir au pied de l'autel et de verser sur nous l'onction sainte de la vie éternelle; vous daignez encore visiter notre modeste école, vous daignez encore vous asseoir parmi nous pour nous parler plus intimement de Dieu, de sa miséricorde et de ses grâces infinies.

Comment vous témoigner notre reconnaissance, et que pouvons-nous vous souhaiter, à vous qui ne cherchez dans ce monde d'autre bonheur que celui de faire du bien, si ce n'est de nous être conservé pendant de longs jours pour nous instruire et nous édifier?

Cette bénédiction que vous donnez aujourd'hui aux enfants de cette école ne s'effacera point de leur souvenir; ils s'efforceront de s'en montrer dignes, en remplissant tous les devoirs que la religion leur impose, et dont vos paroles ont si bien fait comprendre la sainteté. Ils grandiront, Monseigneur, pour vous aimer et vous honorer, et, plus tard, quand vous reviendrez, comme un père, visiter cette paroisse où votre présence a porté la joie et la consolation, les enfants que vous venez de bénir seront devenus des hommes, mais vous retrouverez en eux des chrétiens fidèles et soumis.

www.ingramcontent.com/pod-product-compliance
Lightning Source LLC
LaVergne TN
LVHW050227180726
843501LV00013BA/3219
* 9 7 8 2 3 2 9 6 4 4 0 9 7 *